Schoko MUG CAKES

Neue trendige Tassenkuchen in 5 Min.

Sandra Mahut

Jan Thorbecke Verlag

Inhalt

Schokoladen-Grundrezepte

Schoko-Aroma-Mix
(Schokolade + 1 Geschmacksrichtung)

Mit flüssigem Kern

Swirls – total verstrudelt

So wird's gemacht ... eine kurze Anleitung

Mug Cakes

Mug Cakes sind in wenigen Minuten in einem Becher in der Mikrowelle gebackene kleine Kuchen. Schoko-Mug-Cakes macht man so: Zuerst Butter und Schokolade im Becher schmelzen, die Mischung glatt rühren, die übrigen Zutaten hinzugeben, alles kräftig aufschlagen, den Becher in die Mikrowelle stellen. Der Teig geht auf und ist in 2 Minuten fertig gebacken!

Mengenangaben

Mug Cakes sind hausgemachte Kuchen, die in einem Becher nur mit Hilfe einer Gabel in wenigen Minuten angerührt werden. Eine Küchenwaage ist überflüssig. Sämtliche Zutatenmengen sind löffelweise angegeben. Hier zur Sicherheit die Entsprechungen in Gramm:

Maßangaben:

1 EL Mehl oder Zucker = **15 g**
1 TL Mehl oder Zucker = **5 g**
½ TL Backpulver = **2 g**
1 Stk. Butter (1 cm dick) = **30 g**
1 Stk. Butter (½ cm dick) = **15 g**
1 Stk. Schokolade = **5 g**

Schokolade

Beim Backen ist die Zutat Schokolade nicht unkompliziert. Sie darf nicht zu heiß werden.

Das Motivierende dabei wiederum ist, dass wir mit sämtlichen Schokoladensorten experimentieren können. Denn alles ist möglich! Einfach die persönliche Lieblingsschokolade aussuchen und in zahlreichen Geschmackskombinationen verarbeiten.

Becher und Mikrowelle

Der klassische **Mikrowellen-Becher** hat ein Fassungsvermögen von **300 ml**.

Die **Backleistung der Mikrowelle** sollte immer **800 Watt** betragen.

Hilfe!

Ein Mug Cake ist in mancher Hinsicht ein Zufallsprodukt. Gelegentlich erzielt man erst nach einigen Probeläufen das optimale Ergebnis, denn das Backen in der Mikrowelle hat seine Tücken ...

Als Rührgerät für eine cremige, homogene Masse dienen lediglich eine Gabel oder ein kleiner Schneebesen: Der Teig muss im Becher kräftig aufgeschlagen werden, damit der Kuchen gleichmäßig bäckt.

Manchmal quillt der Kuchenteig weit über den Becherrand: Dann enthält der Teig meistens zu viel Butter oder der Becher ist zu klein oder zu schmal. Zutatenmengen verändern und es erneut probieren!

Ein Trick, wie wir mit Sicherheit einen cremigen, flüssigen Kern erzielen: Wir backen den Teig im Becher 45 Sekunden vor, nehmen ihn aus der Mikrowelle, drücken die Zutat für die Füllung in die Mitte und geben den Becher weitere 45 Sekunden in den Ofen.

Für einen eher leichten Mug Cake ersetzen wir die Butter durch Mandelmus.

Eine persönliche Note bekommt der Mug Cake durch einen Überzug aus Puderzucker oder Schlagsahne, eine Puderzuckerglasur mit geriebener Zitronenschale, Lebensmittelfarbe oder Schokostreusel ...

Kakao
Der Klassiker

....

ZUTATEN

1 Stk. Butter, 1 cm dick (30 g)
1 Ei
2 EL Zucker
1 Pck. Vanillezucker
2 EL Kakaopulver, ungezuckert
4 EL Mehl
½ TL Backpulver

In einem Becher: Die Butter 30 Sekunden bei 800 Watt in der Mikrowelle schmelzen.

Unter ständigem Rühren nacheinander das Ei, den Zucker, den Vanillezucker, den Kakao, das Mehl und das Backpulver hinzugeben. 1 Minute und 20 Sekunden bei 800 Watt in der Mikrowelle backen.

Bitterschokolade
nach Art eines Schoko-Malheurs

....

ZUTATEN

1 Stk. Butter, 1 cm dick (30 g)
8 Stk. Bitterschokolade (40 g),
   mind. 55 % Kakaoanteil
1 Ei
2 EL Zucker
4 EL Mehl
½ TL Backpulver

In einem Becher: Die Butter mit der Schokolade 30 bis 40 Sekunden bei 800 Watt schmelzen.

Zu einer glatten Masse verrühren und anschließend den Becher leicht abkühlen lassen. Nacheinander das Ei, den Zucker, das Mehl und das Backpulver untermischen und kräftig aufschlagen. 1 Minute und 20 Sekunden bei 800 Watt in der Mikrowelle backen.

Vor dem Verzehr 1 Minute abkühlen lassen.

Vollmilchschokolade
innen zart & schmelzend

....

ZUTATEN

1 Stk. Butter, 1 cm dick (30 g)
6 Stk. Milchschokolade (30 g)
1 Ei
2 EL Zucker
½ Pck. Vanillezucker
4 ½ EL Mehl
½ TL Backpulver

In einem Becher: Die Butter mit der Schokolade 30 bis 40 Sekunden bei 800 Watt in der Mikrowelle schmelzen.

Zu einer glatten Masse verrühren und anschließend den Becher leicht abkühlen lassen. Nacheinander das Ei, den Zucker, den Vanillezucker, das Mehl und das Backpulver kräftig untermischen. 1 Minute und 20 Sekunden bei 800 Watt in der Mikrowelle backen.

Vor dem Verzehr 1 Minute abkühlen lassen.

Weiße Schokolade
weich & cremig

....

ZUTATEN
1 Stk. Butter, 1 cm dick (30 g)
6 Stk. weiße Schokolade (30 g)
1 Ei
2 EL Zucker
4 EL Mehl
½ TL Backpulver

In einem Becher: Die Butter mit der Schokolade 40 Sekunden bei 800 Watt schmelzen.

Die Schokolade mit der Butter zu einer glatten Masse verrühren und anschließend den Becher leicht abkühlen lassen. Danach das Ei, den Zucker, das Mehl und das Backpulver sorgfältig untermischen. 1 Minute und 30 Sekunden bei 800 Watt in der Mikrowelle backen.

Vor dem Verzehr 1 Minute abkühlen lassen.

Nussnugatcreme
weich & cremig

....

ZUTATEN
1 Stk. Butter, 1 cm dick (30 g)
3 EL Nussnugatcreme, z. B. Nutella
1 Ei
3 EL heller Rohrzucker
4 EL Mehl
½ TL Backpulver

FÜLLUNG
1 TL Nussnugatcreme, z. B. Nutella

In einem Becher: Die Butter mit der Nussnugatcreme 30 Sekunden bei 800 Watt schmelzen.

Zu einer glatten Schokoladenmasse verrühren und den Becher leicht abkühlen lassen. Anschließend nacheinander das Ei, den Zucker, das Mehl und das Backpulver dazugeben und kräftig aufschlagen. 40 Sekunden bei 800 Watt in der Mikrowelle backen. Die Nussnugatcreme für die Füllung in die Mitte geben und noch einmal 40 Sekunden in die Mikrowelle stellen.

Vor dem Verzehr 1 Minute abkühlen lassen.

Crunchy
mit Vollmilchschokolade

....

ZUTATEN

1 Stk. Butter, ½ cm dick (15 g)

5 Stk. Puffreisschokolade, z. B. Crunchy
  (40 g)

1 Ei

1 TL flüssige Sahne

2 EL Zucker

4 EL Mehl

½ TL Backpulver

1 TL Kakaopulver, ungezuckert

1 EL gerösteter Puffreis (z. B. Rice
  Krispies)

DEKORATION

1 TL gerösteter Puffreis (z. B. Rice
  Krispies)

In einem Becher: Die Butter mit der Schokolade 40 Sekunden bei 800 Watt in der Mikrowelle schmelzen.

Die Schokoladenmasse glatt rühren und den Becher leicht abkühlen lassen. Anschließend nacheinander das Ei, die Sahne, den Zucker, das Mehl, das Backpulver und den Kakao unterrühren und aufschlagen. Den gerösteten Puffreis hinzufügen und nur leicht unterheben, sodass er an der Oberfläche bleibt. 1 Minute und 30 Sekunden bei 800 Watt in der Mikrowelle backen. Mit Puffreis dekorieren.

Vor dem Verzehr 1 Minute abkühlen lassen.

Vanille
mit drei Schokoladensorten

....

ZUTATEN

1 Stk. Butter, 1 cm dick (30 g)
1 Ei
2 EL heller Rohrzucker
½ Pck. Vanillezucker
1 EL flüssige Sahne
5 EL Mehl
½ TL Backpulver
2 EL Schokotropfen (30–35 g) in drei
   Geschmacksrichtungen oder
   wahlweise 3 Stk. Zartbitterschokolade
   + 3 Stk. weiße Schokolade
   + 3 Stk. Vollmilchschokolade,
   in kleine Stücke gehackt

DEKORATION

einige gemischte Schokotropfen oder
   Schokoladenstückchen

In einem Becher: Die Butter 30 Sekunden bei 800 Watt in der Mikrowelle schmelzen.

Nacheinander das Ei, den Zucker, den Vanillezucker, die Sahne, das Mehl und das Backpulver sorgfältig einrühren. Die Schokotropfen oder Schokoladenstückchen einstreuen und leicht unterheben. 1 Minute und 40 Sekunden bei 800 Watt in der Mikrowelle backen. Mit einigen restlichen Schokotropfen oder Schokoladenstückchen verzieren.

Vor dem Verzehr 1 Minute abkühlen lassen.

18
Schoko-Aroma-Mix

Zartbitter-Schokotropfen
in Vollmilchschokolade

....

ZUTATEN

1 Stk. Butter, 1 cm dick (30 g)
6 Stk. Vollmilchschokolade (30 g)
1 Ei
2 EL Zucker
5 EL Mehl
½ TL Backpulver
2 EL Zartbitter-Schokotropfen (30 g)

DEKORATION

1 TL Zartbitter-Schokotropfen

In einem Becher: Die Butter mit der Schokolade 30 bis 40 Sekunden bei 800 Watt schmelzen.

Zu einer glatten Schokoladenmasse mischen und den Becher leicht abkühlen lassen. Anschließend nacheinander das Ei, den Zucker, das Mehl und das Backpulver zugeben und aufschlagen. Die Schokotropfen nur leicht unterheben.

1 Minute und 20 Sekunden bei 800 Watt in der Mikrowelle backen und mit Schokotropfen garnieren. Vor dem Verzehr sollten diese auf dem Mug Cake leicht angeschmolzen sein.

20
Schoko-Aroma-Mix

Weiße Schokolade mit Kokos
& Kondensmilch

....

ZUTATEN

1 Stk. Butter, 1 cm dick (30 g)

6 Stk. weiße Schokolade oder weiße
  Schokolade mit Kokosnuss (30 g)

1 Ei

2 EL gezuckerte Kondensmilch

5 EL Mehl

½ TL Backpulver

2 EL Kokosraspel

DEKORATION

½ EL Kokosraspel

In einem Becher: Die Butter mit der Schokolade 40 Sekunden bei 800 Watt in der Mikrowelle schmelzen.

Die Schokoladenmasse glatt rühren und den Becher etwas abkühlen lassen. Dann unter ständigem Rühren nacheinander das Ei, die Kondensmilch, das Mehl, das Backpulver und die Kokosraspel hinzugeben. 1 Minute und 30 Sekunden bei 800 Watt in der Mikrowelle backen. Mit Kokosraspeln bestreuen.

Vor dem Verzehr gut 1 Minute abkühlen lassen.

22
Schoko-Aroma-Mix

Nuss-Krokant
in Nugatschokolade

....

ZUTATEN

1 Stk. Butter, ½ cm dick (15 g)
6 Stk. Nugatschokolade (30 g)
1 Ei
2 EL Vollrohrzucker (Mascobado)
5 EL Mehl
¼ TL Backpulver
2 EL Milch
2 EL fertiger Mandel-Haselnusskrokant

DEKORATION & FÜLLUNG

1 Stk. Nugatschokolade (5 g)
1 TL fertiger Mandel-Haselnusskrokant
2 TL gehackte Haselnüsse

In einem Becher: Die Butter mit der Nugatschokolade 30 bis 40 Sekunden bei 800 Watt schmelzen.

Die Schokoladenmasse glatt rühren und den Becher etwas abkühlen lassen. Das Ei, den Vollrohrzucker (Mascobado), das Mehl, das Backpulver, die Milch und den Krokant unter ständigem Rühren hinzufügen. 1 Minute bei 800 Watt in der Mikrowelle backen. Die Nugatschokolade in die Mitte geben und noch einmal 30 Sekunden fertig backen.

Mit Krokant und gehackten Nüssen bestreuen.

Vor dem Verzehr 1 Minute abkühlen lassen.

Oreo-Kekse
in Vollmilchschokoladenteig

....

ZUTATEN

1 Stk. Butter, 1 cm dick (30 g)
3 Stk. Vollmilchschokolade (15 g)
1 Ei
2 EL flüssige Sahne
1 TL Vanillezucker oder flüssiger
   Vanilleextrakt
4 EL Mehl
½ TL Backpulver
3 grob zerkleinerte Oreo-Kekse

DEKORATION

1 in kleine Stücke gebrochener
   Oreo-Keks

In einem Becher: Die Butter mit der Schokolade 30 bis 40 Sekunden bei 800 Watt in der Mikrowelle schmelzen.

Die Schokoladenmasse glatt rühren und den Becher leicht abkühlen lassen. Nacheinander das Ei, die Sahne, den Vanillezucker oder den Vanilleextrakt, das Mehl und das Backpulver gut untermischen und aufschlagen. Die Oreo-Keksstückchen leicht unterheben.

1 Minute und 30 Sekunden bei 800 Watt in der Mikrowelle backen. Mit Oreo-Stückchen garnieren.

Vor dem Verzehr 1 Minute abkühlen lassen.

Schoko-Marone
à la Mont Blanc

....

ZUTATEN

1 Stk. Butter, 1 cm dick (30 g)
5 Stk. Zartbitter- oder
   Vollmilchschokolade (25 g)
1 Ei
2 EL heller Rohrzucker
4 EL Mehl
½ TL Backpulver
1 EL Maronencreme

DEKORATION

1 TL Puderzucker + etwas zum
   Bestreuen
2 EL Maronencreme
1 EL Mascarpone
1 kleiner Spritzbeutel mit 3-mm-Tülle

In einem Becher: Die Butter mit der Schokolade 30 bis 40 Sekunden bei 800 Watt in der Mikrowelle schmelzen.

Die Schokoladenmasse glatt rühren und den Becher kurz abkühlen lassen. Nacheinander das Ei, den Zucker, das Mehl, das Backpulver und die Maronencreme kräftig unterrühren. 1 Minute und 30 Sekunden bei 800 Watt in der Mikrowelle backen.

Für die Dekoration den Puderzucker, die Maronencreme und den Mascarpone sorgfältig vermengen. Die Masse in den Spritzbeutel füllen und den erkalteten Mug Cake mit Maronenspaghetti garnieren. Mit Puderzucker bestreuen.

Schoko-Banane
mit Kokosnuss

....

ZUTATEN
1 Stk. Butter, ½ cm dick (15 g)
6 Stk. Vollmilchschokolade (30 g)
½ Banane, zerdrückt (50 g)
1 Ei
2 EL heller Rohrzucker
1 EL Kokosraspel
4 ½ EL Mehl
½ TL Backpulver

DEKORATION
einige Bananenscheiben
1 Prise Schokostreusel
1 TL Kokosraspel

In einem Becher: Die Butter mit der Schokolade 30 bis 40 Sekunden bei 800 Watt in der Mikrowelle schmelzen.

Die Schokoladenmasse glatt rühren. Den Becher etwas abkühlen lassen. Unter kräftigem Rühren nacheinander die zerdrückte Banane, das Ei, den Zucker, die Kokosraspel, das Mehl und das Backpulver untermischen. 1 Minute und 30 Sekunden bei 800 Watt in der Mikrowelle backen.

Einige Bananenscheiben auf den Kuchen legen. Die Schokostreusel und die Kokosraspel darüberstreuen. Vor dem Verzehr 1 Minute abkühlen lassen.

30
Schoko-Aroma-Mix

Matcha-Tee
mit weißer Schokolade & Himbeeren

....

ZUTATEN

1 Stk. Butter, 1 cm dick (30 g)
6 Stk. weiße Schokolade (30 g)
1 Ei
2 EL Zucker
5 EL Mehl
½ TL Backpulver
½ TL Matchapulver

DEKORATION & FÜLLUNG

5 frische Himbeeren

In einem Becher: Die Butter mit der Schokolade 30 Sekunden bei 800 Watt in der Mikrowelle schmelzen.

Die Schokoladenmasse glatt rühren und den Becher leicht abkühlen lassen. Anschließend unter ständigem Rühren das Ei, den Zucker, das Mehl, das Backpulver und das Matchapulver einarbeiten. 4 Himbeeren in die Teigmitte drücken. 1 Minute und 40 Sekunden bei 800 Watt in der Mikrowelle backen.

Mit einer Himbeere verzieren. Vor dem Verzehr 1 Minute abkühlen lassen.

32
Schoko-Aroma-Mix

Schokolade-Orange
mit Zimt- & Puderzuckerglasur

....

ZUTATEN
1 Stk. Butter, 1 cm dick (30 g)
6 Stk. Bitterschokolade (30 g)
1 Ei
2 EL heller Rohrzucker
5 EL Mehl
½ TL Backpulver
1 EL Orangenmarmelade

GLASUR
2 EL Puderzucker
2 Tropfen Orangensaft
1 TL Orangenzesten

DEKORATION
1 TL Zimt
2 Streifen kandierte Orangenschale

In einem Becher: Die Butter mit der Schokolade 30 bis 40 Sekunden bei 800 Watt in der Mikrowelle schmelzen.

Die Schokoladenmasse cremig rühren. Den Becher leicht abkühlen lassen. Nacheinander das Ei, den Zucker, das Mehl und das Backpulver sorgfältig einrühren. Die Marmelade vorsichtig unterheben. 1 Minute und 30 Sekunden bei 800 Watt in der Mikrowelle backen.

10 Minuten abkühlen lassen. Inzwischen sämtliche Zutaten für die Glasur mischen. 5 Minuten warten, bis der Zuckerguss fest zu werden beginnt. Den Mug Cake damit glasieren. Anschließend etwas Zimt darüberstreuen und mit der kandierten Orangenschale garnieren.

Ovomaltine
mit Vollmilchschokolade

....

ZUTATEN

1 Stk. Butter, 1 cm dick (30 g)
6 Stk. Vollmilchschokolade (30 g)
1 Ei
2 EL dunkler oder heller Vollrohrzucker
   (Mascobado)
3 EL Ovomaltine-Pulver
3 EL flüssige Sahne
½ Pck. Vanillezucker
3 EL Mehl
½ TL Backpulver

DEKORATION

½ TL Ovomaltine

In einem Becher: Die Butter mit der Vollmilchschokolade 30 bis 40 Sekunden bei 800 Watt in der Mikrowelle schmelzen.

Die Schokoladenmasse glatt rühren. Den Becher leicht abkühlen lassen. Nacheinander das Ei, den Zucker, das Ovomaltine-Pulver, die Sahne, den Vanillezucker, das Mehl und das Backpulver einarbeiten. 1 Minute und 20 Sekunden bei 800 Watt in der Mikrowelle backen.

Vor dem Verzehr 1 Minute abkühlen lassen und mit Ovomaltine-Pulver bestreuen.

Schwarzwälder Kirsch
mit Zartbitterschokolade

....

ZUTATEN

1 Stk. Butter, 1 cm dick (30 g)
6 Stk. Bitterschokolade (30 g)
1 Ei
2 EL Vollrohrzucker (Mascobado)
5 EL Mehl + etwas zum Bestäuben
½ TL Backpulver
30 g Kirschen in Sirup, gut abgetropft
  und entkernt

DEKORATION

Sprühsahne
1 EL Bitterschokoladenspäne

In einem Becher: Die Butter mit der dunklen Schokolade 30 bis 40 Sekunden bei 800 Watt in der Mikrowelle schmelzen.

Die Schokoladenmasse cremig rühren. Den Becher leicht abkühlen lassen. Anschließend das Ei, den Zucker, das Mehl und das Backpulver untermischen und aufschlagen. Die Kirschen mit etwas Mehl bestäuben und leicht unter die Teigmasse heben. 1 Minute und 20 Sekunden bei 800 Watt in der Mikrowelle backen.

1 Minute abkühlen lassen. Eine Sahnehaube auf den Mug Cake spritzen und Schokoladenspäne darüberstreuen. Sofort servieren und genießen. Vorsicht: Sprühsahne schmilzt schnell!

38
Schoko-Aroma-Mix

Paranüsse
in Nugatschokolade

....

ZUTATEN

1 Stk. Butter, 1 cm dick (30 g)
7 Stk. Nugatschokolade (35 g)
1 Ei
2 EL Rohrzucker
5 EL Mehl
½ TL Backpulver
ca. 5 gehackte Paranüsse (20 g)

DEKORATION

gehackte Paranüsse

In einem Becher: Die Butter mit der Schokolade 30 bis 40 Sekunden bei 800 Watt in der Mikrowelle zergehen lassen.

Die Schokoladenmasse glatt rühren. Den Becher etwas abkühlen lassen. Nacheinander das Ei, den Zucker, das Mehl und das Backpulver gründlich einarbeiten. Die gehackten Paranüsse nur unterheben. 1 Minute und 20 Sekunden bei 800 Watt in der Mikrowelle backen. Mit gehackten Paranüssen bestreuen.

Vor dem Verzehr 1 Minute abkühlen lassen.

Cappuccino-Sahne

....

ZUTATEN
1 Stk. Butter, 1 cm dick (30 g)
6 Stk. Zartbitterschokolade
1 Ei
2 EL Zucker
5 EL Mehl
½ TL Backpulver
1 EL lösliches Kaffeepulver
1 EL flüssige Sahne
1 Schuss Kaffee-Extrakt

DEKORATION
Sprühsahne
1 TL Kakaopulver, ungesüßt

In einem Becher: Die Butter mit der Schokolade 30 bis 40 Sekunden bei 800 Watt in der Mikrowelle schmelzen.

Die Schokoladenmasse cremig rühren und den Becher etwas abkühlen lassen. Nacheinander das Ei, den Zucker, das Mehl, das Backpulver, das lösliche Kaffeepulver und die Sahne hinzufügen und kräftig aufschlagen. Einen Schuss Kaffee-Extrakt dazugeben und mit einer Messerspitze ein spiralförmiges Muster in den Teig rühren.
1 Minute und 30 Sekunden bei 800 Watt in der Mikrowelle backen.

1 Minute abkühlen lassen. Mit Sahne garnieren und Kakaopulver darübersieben. Sofort verzehren. Vorsicht: Sprühsahne schmilzt schnell!

Schoko-Himbeere
mit Chilipulver (Piment d'Espelette)

....

ZUTATEN

1 Stk. süße oder leicht gesalzene Butter,
   1 cm dick (30 g)
6 Stk. geschmacksintensive dunkle
   Schokolade (30 g) mit mindestens
   65 % Kakaoanteil
1 Ei
2 EL heller Rohrzucker
4 EL Mehl
½ TL Backpulver
½ TL Chilipulver (Piment d'Espelette);
   je nach Geschmack darf es auch mehr
   sein
4–5 Himbeeren

In einem Becher: Die Butter mit der Schokolade 30 bis 40 Sekunden bei 800 Watt in der Mikrowelle schmelzen.

Die Schokoladenmasse glatt rühren. Den Becher etwas abkühlen lassen. Nacheinander das Ei, den Zucker, das Mehl und das Backpulver kräftig einrühren. Das Chilipulver und die Himbeeren einarbeiten. 1 Minute und 30 Sekunden bei 800 Watt in der Mikrowelle backen.

Vor dem Verzehr 1 Minute abkühlen lassen.

Erdnussbutterkern
in Zartbitterschokolade

....

ZUTATEN
1 Stk. Butter, 1 cm dick (30 g)
6 Stk. Zartbitterschokolade (30 g)
1 ½ TL Erdnussbutter
1 Ei
1 EL Rohrzucker
5 EL Mehl
½ TL Backpulver

KERN & DEKORATION
1 TL Erdnussbutter
1 TL Schokoladenstreusel

In einem Becher: Die Butter mit der Schokolade 30 bis 40 Sekunden bei 800 Watt in der Mikrowelle schmelzen.

Die Schokoladenmasse glatt rühren. Den Becher leicht abkühlen lassen. Die Erdnussbutter, das Ei, den Zucker, das Mehl und das Backpulver nacheinander unterrühren und kräftig aufschlagen. 50 Sekunden bei 800 Watt in die Mikrowelle stellen. 1 TL Erdnussbutter für die Füllung in die Mitte geben und weitere 40 Sekunden in der Mikrowelle backen. Mit Schokoladenstreuseln bestreuen.

Vor dem Verzehr 1 Minute abkühlen lassen.

Schoko-Kaffee
mit weichem Karamellkern

....

ZUTATEN

1 Stk. mild gesalzene Butter, 1 cm dick
   (30 g)
8 Stk. Vollmilchschokolade (40 g)
1 TL flüssiger, konzentrierter Kaffee-
   Extrakt
1 Ei
2 EL heller Rohrzucker
5 EL Mehl
½ TL Backpulver

KERN

1 weiches Karamellbonbon

In einem Becher: Die Butter mit der Schokolade 30 bis 40 Sekunden bei 800 Watt in der Mikrowelle schmelzen.

Die Schokoladenmasse cremig rühren und den Kaffee-Extrakt untermischen. Anschließend den Becher leicht abkühlen lassen. Nacheinander das Ei, den Zucker, das Mehl und das Backpulver einarbeiten. 40 Sekunden bei 800 Watt in der Mikrowelle backen. Das Karamellbonbon leicht in die Teigmitte drücken und weitere 50 Sekunden fertig backen.

Vor dem Verzehr 1 Minute abkühlen lassen.

Spekulatiusfüllung
in Bitterschokolade

....

ZUTATEN

1 Stk. Butter, ½ cm dick (15 g)
6 Stk. dunkle Schokolade
1 Ei
1 TL flüssige Sahne
2 EL Rohrzucker
2 EL Spekulatiusplätzchen, zerstoßen
   (2 Stk.)
5 EL Mehl
½ TL Backpulver

KERN

1 TL Spekulatius-Brotaufstrich

In einem Becher: Die Butter mit der Schokolade 30 bis 40 Sekunden bei 800 Watt in der Mikrowelle zergehen lassen.

Die Schokoladenmasse glatt rühren. Den Becher leicht abkühlen lassen. Nacheinander das Ei, die Sahne, den Zucker, die Spekulatiusbrösel, das Mehl und das Backpulver hinzufügen und aufschlagen. 50 Sekunden in der Mikrowelle bei 800 Watt backen. Den Spekulatius-Brotaufstrich in die Teigmitte geben und für 40 weitere Sekunden in die Mikrowelle stellen.

Vor dem Verzehr 1 Minute abkühlen lassen.

50
Mit flüssigem Kern

Vanille-Tonkabohne
mit Zartbitterschokolade

....

ZUTATEN
1 Stk. Butter, 1 cm dick (30 g)
1 Ei
1 EL weißer Haushaltszucker
1 Pck. Vanillezucker oder 1 TL flüssiger
    Vanilleextrakt
5 EL Mehl
½ TL Backpulver
½ TL Tonkabohnenraspel

KERN
1 großes Stk. dunkle Schokolade

In einem Becher: Die Butter 30 Sekunden bei 800 Watt in der Mikrowelle schmelzen.

Unter ständigem Rühren nacheinander das Ei, den Zucker, den Vanillezucker oder Vanilleextrakt, das Mehl, das Backpulver und die Tonkabohnenraspel dazugeben. 40 Sekunden bei 800 Watt in der Mikrowelle backen. Das große Stück dunkle Schokolade in die Teigmitte drücken und für 50 weitere Sekunden in die Mikrowelle schieben.

Vor dem Verzehr 1 Minute abkühlen lassen.

Milchkaramell-Creme
in Vollmilchschokolade

....

ZUTATEN

1 Stk. mild gesalzene Butter,
   1 cm dick (30 g)
5 Stk. Vollmilchschokolade (25 g)
1 Ei
2 EL heller Vollrohrzucker (Mascobado)
4 EL Mehl
½ TL Backpulver

KERN & DEKORATION

1 gehäufter TL mit Meersalz verfeinerte
   Milchkaramell-Creme
Schokoladenstreusel

In einem Becher: Die Butter mit der Schokolade 30 bis 40 Sekunden bei 800 Watt in der Mikrowelle schmelzen.

Die Schokoladenmasse durchrühren und den Becher etwas abkühlen lassen. Nacheinander das Ei, den Zucker, das Mehl und das Backpulver einarbeiten. 50 Sekunden bei 800 Watt in der Mikrowelle backen. Die Milchkaramell-Creme in die Mitte geben und weitere 40 Sekunden fertig backen.

Vor dem Verzehr 1 Minute abkühlen lassen. Mit Schokoladenstreuseln bestreuen.

Mit flüssigem Kern

Noisette-Schokoladenkern

in Vollmilchschokolade mit Haselnüssen

....

ZUTATEN

1 Stk. Butter, 1 cm dick (30 g)
7 Stk. Vollmilchschokolade (35 g)
1 Ei
2 EL Zucker
3 EL Mehl
2 EL gemahlene oder gehackte
   Haselnüsse
½ TL Backpulver

KERN & DEKORATION

1 Stück Noisette-Vollmilchschokolade
   (5 g)
Puderzucker
einige gehackte Haselnüsse

In einem Becher: Die Butter mit der Vollmilchschokolade 30 bis 40 Sekunden bei 800 Watt in der Mikrowelle schmelzen.

Die Schokoladenmasse glatt rühren. Den Becher etwas abkühlen lassen. Nacheinander das Ei, den Zucker, das Mehl, die Haselnüsse und das Backpulver kräftig einarbeiten. 50 Sekunden in der Mikrowelle bei 800 Watt backen. Das Stück Noisetteschokolade in die Teigmitte drücken und für weitere 40 Sekunden in der Mikrowelle backen.

Vor dem Verzehr 1 Minute abkühlen lassen. Mit Puderzucker und gehackten Haselnüssen dekorieren.

"CRACK"

56
Mit flüssigem Kern

Milchkonfitüre mit Waffelröllchen

in Schokolade

....

ZUTATEN

1 Stk. Butter, 1 cm dick (30 g)
6 Stk. Vollmilch- oder Zartbitterschokolade (30 g)
1 Ei
2 EL heller Rohrzucker
5 EL Mehl
½ TL Backpulver

KERN & DEKORATION

2 EL feine Milchkonfitüre
2 zerstoßene Waffelröllchen

In einem Becher: Die Butter mit der Schokolade 30 bis 40 Sekunden bei 800 Watt in der Mikrowelle schmelzen.

Die Schokoladenmasse glatt rühren und den Becher leicht abkühlen lassen. Nacheinander das Ei, den Zucker, das Mehl und das Backpulver kräftig einarbeiten. Etwas von den Waffelröllchenbröseln über den Teig streuen.
50 Sekunden in der Mikrowelle bei 800 Watt anbacken. Die Milchkonfitüre in die Teigmitte geben und weitere 40 Sekunden backen.

Vor dem Verzehr 1 Minute abkühlen lassen. Mit den übrigen Waffelröllchenbröseln bestreuen.

Weiße Schokolade
mit Himbeerfüllung

....

ZUTATEN
1 Stk. Butter, 1 cm dick (30 g)
8 Stk. weiße Schokolade (40 g)
1 Ei
2 EL Zucker
5 EL Mehl
½ TL Backpulver

FÜLLUNG & DEKORATION
1 EL Himbeerkonfitüre
Puderzucker

In einem Becher: Die Butter mit der Schokolade 30 bis 40 Sekunden bei 800 Watt in der Mikrowelle zergehen lassen.

Die Schokoladenmasse cremig rühren. Den Becher etwas abkühlen lassen. Nacheinander das Ei, den Zucker, das Mehl und das Backpulver dazugeben und aufschlagen. 40 Sekunden bei 800 Watt in der Mikrowelle backen. Die Konfitüre in die Mitte geben und weitere 50 Sekunden in die Mikrowelle schieben.

Vor dem Verzehr 1 Minute abkühlen lassen und mit Puderzucker bestäuben.

60
Mit flüssigem Kern

Pistazie
mit weißem Schokoladenkern

....

ZUTATEN
1 Stk. Butter, ½ cm dick (15 g)
5 Stk. weiße Schokolade (25 g)
1 Ei
1 EL Zucker
½ TL Pistazienpaste (Backregal oder
   Bioladen)
5 EL Mehl
½ TL Backpulver

KERN & DEKORATION
1 Stk. weiße Schokolade (5 g)
einige gehackte Pistazien

In einem Becher: Die Butter mit der Schokolade 30 bis
40 Sekunden bei 800 Watt in der Mikrowelle schmelzen.

Die Schokoladenmasse glatt rühren. Den Becher leicht
abkühlen lassen. Unter ständigem Rühren das Ei, den
Zucker, die Pistazienpaste, das Mehl und das Backpulver
hinzugeben. 50 Sekunden bei 800 Watt in der Mikrowelle
vorbacken. Das Stück weiße Schokolade leicht in die
Teigmitte drücken und noch einmal 40 Sekunden in die
Mikrowelle schieben.

Vor dem Verzehr 1 Minute abkühlen lassen. Die gehackten
Pistazien darüberstreuen.

62
Mit flüssigem Kern

Bitterschokolade-Vanille
marmoriert

....

ZUTATEN
5 Stk. Bitterschokolade (25 g)
1 Stück Butter, 1 cm dick (30 g)
1 Ei
1 EL flüssige Sahne
2 EL Zucker
1 Pck. Vanillezucker
5 EL Mehl
½ TL Backpulver

DEKORATION
Englische Creme (Eier-Milchcreme)

Die Schokolade in einer Schüssel 50 Sekunden bei 800 Watt in der Mikrowelle zergehen lassen.

In einer zweiten Schale die Butter 30 bis 40 Sekunden bei 800 Watt ebenfalls in der Mikrowelle schmelzen und danach leicht abkühlen lassen. Anschließend unter kräftigem Rühren das Ei, die Sahne, den Zucker, den Vanillezucker, das Mehl und das Backpulver einarbeiten. Die Hälfte des hellen Teiges unter die Schokoladenmasse mischen.

In einem Becher: Abwechselnd hellen Teig und Schokoladenteig in den Becher eingießen. 1 Minute und 40 Sekunden bei 800 Watt in der Mikrowelle backen.

Vor dem Verzehr 1 Minute abkühlen lassen. Zusammen mit der Englischen Creme genießen.

Marshmallow-Swirl
mit Vollmilchschokolade

....

ZUTATEN

1 Stk. Butter, 1 cm dick (30 g)
6 Stk. Vollmilchschokolade (30 g)
1 Ei
2 EL Zucker
5 EL Mehl
½ TL Backpulver
1 EL Marshmallow Fluff oder
   3 (in der Mikrowelle) geschmolzene
   Marshmallows

In einem Becher: Die Butter mit der Schokolade 30 bis 40 Sekunden bei 800 Watt in der Mikrowelle schmelzen.

Die Schokoladenmasse glatt rühren. Den Becher leicht abkühlen lassen. Das Ei, den Zucker, das Mehl und das Backpulver gründlich einarbeiten. 30 Sekunden bei 800 Watt in der Mikrowelle vorbacken. Das Marshmallow Fluff oder die geschmolzenen Marshmallows in die Mitte geben und einmal mit dem Löffel kreisförmig umrühren. In 60 Sekunden fertig backen.

Vor dem Verzehr 1 Minute abkühlen lassen.

Frischkäse-Swirl
mit Zartbitterschokolade

....

ZUTATEN

30 g Frischkäse z. B. Philadelphia
1 EL Milch
1 Stk. mild gesalzene Butter, 1 cm dick
   (30 g)
6 Stk. dunkle Schokolade (30 g)
1 Ei
2 EL Zucker
4 EL Mehl
½ TL Backpulver

Den Frischkäse und die Milch in einer Schüssel mit der Gabel aufschlagen.

In einem Becher: Die Butter mit der Schokolade 30 bis 40 Sekunden bei 800 Watt in der Mikrowelle schmelzen.

Die Schokoladenmasse glatt rühren. Den Becher leicht abkühlen lassen. Nacheinander das Ei, den Zucker, das Mehl und das Backpulver dazugeben und aufschlagen. Den cremigen Frischkäse nur leicht kreisförmig einrühren. 1 Minute und 30 Sekunden bei 800 Watt in der Mikrowelle backen.

Vor dem Verzehr 1 Minute abkühlen lassen.

68
Swirls – total verstrudelt

Der große Becher
zum Teilen

....

ZUTATEN

1 Stk. Butter, 2 cm dick (60 g) oder
   60 g Mandelmus
12 Stk. dunkle oder helle Schokolade
   (60 g)
2 Eier
4 EL heller Rohrzucker
1 Pck. Vanillezucker
1 Schuss Bittermandelextrakt
8 EL Mehl
2 EL gemahlene Mandeln
1 gestrichener TL Backpulver

DEKORATION

einige blättrig geschnittene Mandeln

In einem Becher: Die Butter (oder wahlweise das Mandel-mus) mit der Schokolade 50 Sekunden bei 800 Watt in der Mikrowelle schmelzen.

Die Schokoladenmasse glatt rühren. Den Becher etwas abkühlen lassen. Die Eier, den Zucker, den Vanillezucker, den Bittermandelextrakt, das Mehl, die gemahlenen Mandeln und das Backpulver kräftig untermengen. 2 Minuten und 30 Sekunden bei 800 Watt in der Mikrowelle backen.

Vor dem Verzehr 1 Minute abkühlen lassen. Mit Mandelblättern verzieren.

70
Swirls – total verstrudelt

Dank

Mein Dank gilt Pauline, Aurélie und Géraldine für ihre Unterstützung, das Gegenlesen des Textes und die witzigen Ideen für die Illustrationen! Außerdem danke ich Olivier für seine fast tägliche spontane Einsatzbereitschaft.

Einkaufstipps für Becher und Tassen

www.mikrowellenkochen.de/mikrowellengeschirr.html
www.iittala.com
www.habitat.de
www.marimekko.com
www.alessi.com

VERLAGSGRUPPE PATMOS

PATMOS
ESCHBACH
GRÜNEWALD
THORBECKE
SCHWABEN

Die Verlagsgruppe
mit Sinn für das Leben

Aus dem Französischen von Christine Frauendorf-Mössel

Rezepte und Fotos: Sandra Mahut
Illustrationen: Jane Teasdale

Umschlaggestaltung: Finken & Bumiller, Stuttgart
Gedruckt in China
ISBN 978-3-7995-0648-9